CATALOGUE

D'UNE
JOLIE COLLECTION
DE

TABLEAUX

ANCIENS,

DES ÉCOLES FRANÇAISE, FLAMANDE ET HOLLANDAISE,

PARMI LESQUELS PLUSIEURS PRUD'HON,

Provenant des cabinets de plusieurs Amateurs,

DONT LA VENTE AURA LIEU

LE SAMEDI 1er MARS 1851, A UNE HEURE,

HOTEL DES VENTES MOBILIÈRES,

RUE DES JEUNEURS, n. 42 bis,

Par le ministère de M* RIDEL, Commissaire-Priseur, rue Saint-Honoré, 335,

Assisté de M. SCHROTH, Appréciateur, rue des Orties Saint-Honoré, n. 9.

Chez lesquels se distribue le présent Catalogue.

Exposition publique

Le Vendredi 28 Février 1851, de midi à cinq heures.

PARIS

IMPRIMERIE ET LITHOGRAPHIE DE MAULDE ET RENOU,
Rue Bailleul, 9 et 11, près du Louvre.

1851

8761

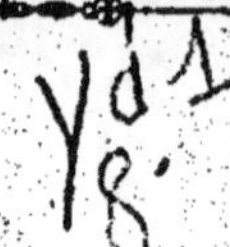

CATALOGUE

D'UNE

JOLIE COLLECTION

DE

TABLEAUX

ANCIENS,

DES ÉCOLES FRANÇAISE, FLAMANDE ET HOLLANDAISE,

PARMI LESQUELS PLUSIEURS PRUD'HON,

Provenant des cabinets de plusieurs Amateurs,

DONT LA VENTE AURA LIEU

LE SAMEDI 1er MARS 1851, A UNE HEURE,

HOTEL DES VENTES MOBILIÈRES,

RUE DES JEUNEURS, n. 42 bis,

Par le ministère de Me RIDEL, Commissaire-Priseur,
rue Saint-Honoré, 355,

Assisté de M. SCHROTH, Appréciateur, rue des Orties Saint-
Honoré, n. 9,

Chez lesquels se distribue le présent Catalogue.

Exposition publique

Le Vendredi 28 Février 1851, de midi à cinq heures.

PARIS

IMPRIMERIE ET LITHOGRAPHIE DE MAULDE ET RENOU,
Rue Bailleul, 9 et 11, près du Louvre.

1851

CONDITIONS DE LA VENTE.

Elle sera faite au comptant.

Les acquéreurs paieront, en sus des adjudications, cinq pour cent, applicables aux frais de vente.

AVERTISSEMENT.

—

Cette jolie Collection, ainsi que l'annonce le titre de notre Catalogue, est extraite des cabinets de plusieurs Amateurs, et beaucoup des Tableaux qui la composent ont fait partie de la galerie du prince de Rohan. Nous avons donc cru devoir nous abstenir de toute description louangeuse, voulant laisser à MM. les Amateurs le soin de juger du mérite de chacun d'eux.

DÉSIGNATION

DES TABLEAUX.

ÉCOLE FRANÇAISE.

CHAPERON.

1 — Enfants jouant aux soldats.

Hauteur, 38 cent. Largeur, 43 cent.

PAR LE MÊME.

2 — La Balançoire. (Pendant.)

Hauteur, 38 cent. Largeur, 43 cent.

CHARDIN.

3 — Portrait de femme.

Hauteur, 80 cent. Largeur, 62 cent.

CLAUDE LORRAIN.

4 — Marine et Monuments d'architecture.

Hauteur, 70 cent. Largeur, 93 cent.

COYPEL (Charles).

5 — Amours forgeant des flèches.

Hauteur, 42 cent. Largeur, 42 cent.

GREUZE.

6 — Jeune fille lisant.

Hauteur, 72 cent. Largeur, 57 cent.

PRUD'HON.

7 — Le Triomphe de Napoléon.

Hauteur, 140 cent. Largeur, 210 cent.

PAR LE MÊME.

8 — La Famille malheureuse.

Hauteur, 217 cent. Largeur, 89 cent.

PRUD'HON.

9 — Vénus au bain.

Hauteur, 129 cent. Largeur, 90 cent.

------—◦◦◉◦◦—------

PAR LE MÊME.

10 — L'Amour et le Repentir.

Hauteur, 151 cent. Largeur, 107 cent.

------—◦◦◉◦◦—------

PAR LE MÊME.

11 — Zéphir et l'Amour.

Hauteur, 117 cent. Largeur, 91 cent.

------—◦◦◉◦◦—------

PAR LE MÊME.

12 — Vénus et Adonis (Esquisse).

Hauteur, 136 cent. Largeur, 100 cent.

------—◦◦◉◦◦—------

PAR LE MÊME.

13 — Vénus caressée par l'Amour.

Hauteur, 84 cent. Largeur, 106 cent.

------—◦◦◉◦◦—------

PRUD'HON.

14 — L'Amant agenouillé aux pieds de son amante.

Hauteur, 158 cent. Largeur, 121 cent.

———o◦❈◦o———

PAR LE MÊME.

15 — La Liberté.

Hauteur, 175 cent. Largeur, 102 cent.

———o◦❈◦o———

PAR LE MÊME.

16 — L'Amour et l'Hymen.

Hauteur, 190 cent. Largeur, 150 cent.

———o◦❈◦o———

PAR LE MÊME.

17 — La Vengeance de Cérès (Esquisse).

Hauteur, 48 cent. Largeur, 61 cent.

———o◦❈◦o———

PAR LE MÊME.

18 — Assomption de la Vierge (Esquisse).

Hauteur, 64 cent. Largeur, 54 cent.

———o◦❈◦o———

PRUD'HON.

19 — Le Triomphe de Napoléon (Esquisse du Tableau n° 7 du Catalogue).

Hauteur, 42 cent. Largeur, 95 cent.

POUSSIN (NICOLAS).

20 — Paysage.

Hauteur, 65 cent. Largeur, 81 cent.

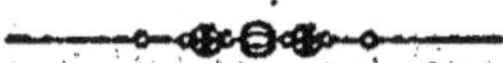

PAR LE MÊME.

21 — Autre paysage.

Hauteur, 68 cent. Largeur, 85 cent.

VIVIEN.

22 — L'Épée de Damoclès. (Esquisses.)

Hauteur, 64 cent. Largeur, 81 cent.

ÉCOLE FLAMANDE, ALLEMANDE & HOLLANDAISE.

POLEMBURG (CORNEILLE).

23 — L'Adoration des Bergers.

Hauteur, 45 cent. Largeur, 40 cent.

THIERRY VANDELEN.

24 — Intérieur d'église.

Hauteur, 22 cent. Largeur, 31 cent.

PETERNEEF.

25 — Intérieur d'église.

Hauteur, 48 cent. Largeur, 57 cent.

BLOEMEN (JEAN-FRANÇOIS), DIT ORIZONTI.

26 — Paysage.

Hauteur, 52 cent. Largeur, 62 cent.

NETSCHER (Gaspard).

101 — 27 — Portrait d'un grand seigneur.

     Hauteur, 51 cent. Largeur, 41 cent.

———◦✾⊖✾◦———

WOURWERMANS (Philippe).

— 28 — La Leçon d'équitation.

     Hauteur, 35 cent. Largeur, 39 cent.

———◦✾⊖✾◦———

VAN HUYSUM.

— 29 — Bacchanale et Paysage.

     Hauteur, 23 cent. Largeur, 23 cent.

———◦✾⊖✾◦———

OSTADE (Adrien Van).

128 — 30 — Le Mangeur de harengs.

     Hauteur, 19 cent. Largeur, 25 cent.

———◦✾⊖✾◦———

OSTADE (Isaac Van).

— 31 — Récréation flamande.

     Hauteur, 39 cent. Largeur, 53 cent.

———◦✾⊖✾◦———

METZU.

32 — Jeune Femme dans son appartement.

Hauteur, 47 cent. Largeur, 38 cent.

POTTER (PAUL).

33 — L'Amant de la belle Europe.

Hauteur, 45 cent. Largeur, 36 cent.

COQUES (GONZALÈS).

34 — Portrait de seigneur.

Hauteur, 42 cent. Largeur, 17 cent.

VANDEN VELDE (GUILLAUME).

35 — Marine. Calme avec bâtiment.

Hauteur, 68 cent. Largeur, 80 cent.

RUYSDAEL (JACQUES).

36 — Paysage et Buisson.

Hauteur, 40 cent. Largeur, 60 cent.

FRANC FLORE.

37 — Jupiter métamorphosé en Diane pour séduire
Calisto.

Hauteur, 48 cent. Largeur, 62 cent.

CRAMER.

38 — Portrait.

Hauteur, 7 cent. Largeur, 6 cent.

ROTTENHAMER.

39 — Méthamorphose d'Alphée et d'Aréthuse.

Hauteur, 46 cent. Largeur, 50 cent.

BREUGEL DE VELOURS.

40 — Paysage et Pastorale.

Hauteur, 19 cent. Largeur, 25 cent.

VAN ARTOIS.

41 — Paysage.

Hauteur, 18 cent. Largeur, 21 cent.

CUYP (ALBERT).

42 — Paysage et Animaux.

Hauteur, 35 cent. Largeur, 44 cent.

GRIFF.

43 — L'Heureux Chasseur.

Hauteur, 41 cent. Largeur, 51 cent.

1761   Imprimerie Maulde et Renou, rue Bailleul, 9 11.